✣対訳でたのしむ✣

# 田村《たむら》

檜書店

# 目次



凡例

一、下段の謡本文及び舞台図（松野奏風筆）は観世流大成版によった。
一、下段の大成版本文は、横道萬里雄氏の小段理論に従って、段・小段・節・句に分けた。それらはほぼ上段の対訳部分と対応するように配置した。
一、小段名は舞事などを含む囃子事は〔　〕で、謡事は【　】で括り示した。
一、対訳本文の段は算用数字の通し番号で示して改行し、はじめにその段全体の要約と舞台展開、観世流とその他の流派との主な本文異同を中心に説明を付した。

# 田村（たむら）

三宅晶子

# 〈田村〉（たむら）

東国から都見物に訪れた旅の僧（ワキ・ワキツレ）が、三月半ばの麗《うら》らかな日に清水寺を訪れ、桜を愛でていると、萩箒を持った童子（前シテ）が、地主権現《じしゅごんげん》の桜は格別だと謡いながらやって来る。僧が花守ですかと声を掛けると、一寸《ちょっと》わけがあるのですと答える。僧が寺の来歴を尋ねると、「賢心《げんしん》という僧が、金色に輝く木津川《こつがわ》の上流で、行叡居士《ぎょうえこじ》という老翁から、一人の施主を得てここに大寺院を作れと言われた。老翁は観世音菩薩の再誕であり、寺の施主は坂上田村麿である」と語り、千手観音を讃《たた》える。続いて僧は、境内から見渡せる都の名所を尋ね、南の清閑寺《せいがんじ》・今熊野《いまぐまの》、北の霊仙寺《りょうぜんじ》などを見るうちに、音羽《おとわ》山の峰から月が出て、まるで天も花に酔っているのではないかと思えるくらいだった。僧は童子のことを常人ではないと思い、その名を尋ねると、「私が帰っていく方をしっかり見ていなさい」と言って、田村堂の中に入っていった。

僧が夜もすがら桜の下で読経していると、武将姿の坂上田村麿《さかのうえのたむらまる》（後シテ）が現れ、清水寺の仏力を讃えつつ、鈴鹿山の鬼神を征伐した時のことを物語る。数千騎に変身して襲いかかってくる鬼神を前に呆然としていると、千手観音が出現し、千の御手毎に弓矢を番《つが》えて一斉に放ったので、鬼神はたちまち討たれてしまった。これも偏《ひとえ》に観音の仏力のおかげである。

上掛り（観世・宝生）と下掛り（金春・金剛・喜多）で、詞章に相違が目立つが、根本内容に違いはない（なお、本文で下掛り共通の校異の場合は、金春流現行本文で示す）。

《この能の魅力》

〈箙〉〈屋島（八島）〉とともに勝修羅《かちしゅら》に分類される。戦勝祈願の法楽にうってつけなのだろう。室町・江戸期を通じて、重んじられてきた。

江戸期以降修羅能に分類されているが、作者がそのつもりで作ったかどうか不明である。坂上田村麿《さかのうえのたむらまる》がシテとして登場して語り手役を務める、清水観音の霊験能である。

前場には、田村麿色がほとんど出ていない。清水寺、特に地主権現《じしゅごんげん》境内の満開の桜と春爛漫の描写に費やされており、その最後を「天も花に酔へりや」で締めくくっているのは、なんとも魅力的である。この句は『和漢朗詠集』菅原道真「三月三日」の「春之暮月、月之三朝、天酔于花、桃李盛也」を踏まえている。道真の詩では三月三日の朝日に輝く桃の花をみて「天花に酔えり」なのだが、それを月光の下での桜に用いている。これも観音の霊力の一つということなのであろう。非日常的な特別感、不思議な童子の存在と相俟《あいま》って、春の宵の魅惑的な雰囲気が上手く醸し出されている。

後半はガラリと変わって、田村麿の戦語りであるが、鮮やかな手腕を見せて、観音の起こした奇跡が表現される。鈴鹿山の鬼退治のクライマックスで、「あれを見よ不思議やな」とシテが正面奥を見上げ手を指すと、そこには千手観音が千の御手に弓矢を番《つが》えて、輝きながら出現している。鬼神も千手観音も登場しないのだが、本当に千手観音を観じることがある。例えば脇正面に居ると、シテの手の方向を我知らず追って行き、そこに観音を観るのである。能には観客の想像力を刺激する表現が随所にあるが、これだけダイナミックな映像を思い描かせる曲は多くあるまい。本尊を登場させずに表現する、能ならではの謡と所作の工夫によって、実際に出てくるよりも効果的に、千手観音を出現させるのである。

**【作者】**不明。『能本三十五番目録』所収曲。金春禅竹の『五音三曲集』に所収されている。禅竹作の可能性がある。

**【題材】**坂上田村麿の清水寺創建の物語は、『今昔物語集十一』「田村将軍始建清水寺語」、『清水寺縁起』などが伝えるものとほぼ同じ。

**【場面】**

前場　清水寺境内。田村堂付近。三月半ば花盛りのある日。

後場　同じ日の夜半、田村堂前。

**【登場人物】**

前シテ　童子（面、慈童・童子）

後シテ　坂上田村麿（面、平太・今若・三日月）

ワキ　旅の僧

ワキツレ　同行の僧

アイ　清水寺門前の者

1

旅の僧の登場　都見物にやって来た東国方の僧（ワキ・ワキツレ）が、清水寺を訪れる。

〔次第〕が演奏される中、ワキ・ワキツレが登場し、舞台中央で向き合って立ち謡う。最後にワキは歩行の様子を見せ、清水寺に到着し、脇座に着座する。ワキツレも連座する。

〔次第〕「急がん」は下掛り「出じょうよ」。〔上ゲ歌〕「廻る」は下掛り「出ずる」。〔名ノリ〕〔着キゼリフ〕にも小異がある。

〔次第〕リズムに乗らない登場楽が静かに演奏される中を、旅の僧たちが登場する。

**旅の僧たち**　田舎の国をいくつも越え、国府をたくさん通過して、京の都の春爛漫に間に合うよう急ごう。

**旅の僧**　私は東国出身の僧でございます。私はまだ都を見たことがございませんので、この春決心して、

〔次第〕

〔次第〕

ワキ ワキツレ〽鄙《ヒナ》の都《ミヤコ》路《ヂ》隔《ヘダ》て来て、鄙の都路隔て来て、九重《ココノエ》の春に急がん。

〔名ノリ〕

ワキ〽これは東国方《トオゴクガタ》より出《イ》でたる僧《ソオ》にて候《ソオロオ》、我いまだ都

上京いたしました。

**旅の僧たち**　季節は早くも三月半ば、三月半ばの春の空は、日差しものどかに移りゆき、霞みが掛かっているそちらの方には音羽山がある。滝の落ちる音が静かに聞こえる、清水寺に着いたことだ。

**旅の僧**　旅程を急ぎましたので、これはもう都の清水寺とか申すようでございます。この桜は満開ですね。ここにやって来る人を待って、いろいろ尋ねてみようと思います。

を見ず候程《ホド》に、この春思ひ《イ》立《タ》ちて候

［上ゲ歌］

ワキ
ワキツレ　＼頃《コロ》もはや、弥生《ヤヨイ》なかばの春の空《ソラ》、弥生なかばの春の空、影《カゲ》も長閑《ノドカ》に廻《メグ》る日の、霞《カス》む其方《ソナタ》や音羽山《オトワヤマ》。瀧《タキ》の響《ヒビ》きも静《シヅ》かなる、清水《キヨミヅ》寺《デラ》に着《ツ》きにけり、清水寺に着きにけり。

［着キゼリフ］

ワキ＼急ぎ候程に、これは都《ミヤコ》清《セイ》水寺《スヰジ》とかや申すげに候、これなる櫻《サクラ》の盛《サカ》りと見えて候、人を待《マ》ちて委《クワ》しく尋《タヅ》ねばやと思ひ《イ》候

2

童子の登場　萩箒《はぎぼうき》を持った童子（前シテ）が登場する。都は折しも花盛りで、花の名所は数々あるが、ここ清水寺の鎮守の神である地主権現の境内の桜は格別であると謡う。

シテは常座に立って［一セイ］以下を謡う。［一セイ］「地主権現の」は下掛り「地主の桜の」。［サ

シ」「大悲の光色添ふ故か」は下掛りナシ。〔下ゲ歌〕「お庭の」は下掛り「お前の」。〔上ゲ歌〕「白妙に」は下掛り「白妙の」。「自づから……景色かな」は下掛り「長閑なる、春の景色は面白や」

〔一声〕 リズムに乗った登場楽が静かに演奏されるなかを、童子（前シテ）が登場する。

**童子** そのままあるだけで、春にふさわしい手向《たむ》けとなっていることだ、地主権現堂の桜は真っ盛りだ。

**童子** そもそも花の名所は多いとはいっても、観音の慈悲の光が色を添えているせいか、この清水寺地主権現の桜の美しさに適《かな》うものはない。だからなのか「観音の大慈大悲の心は、春の花の香りが満ち亘《わた》るように、十悪《じゅうあく》（殺生・偸盗《ちゅうとう》・邪淫・妄語・両舌・悪口《あっく》・綺語・貪欲《とんよく》・瞋恚《しんい》・邪見）の蔓延《はびこ》る人間界に行き亘り、また観音は秋の月があまねく清くこの世を照らすように、心身を汚す五濁《ごじょく》（劫《こう》濁《じょく》・見濁・煩悩濁・衆生濁・命濁《みょうじょく》）にまみれた憂き世

〔一声〕

〔一セイ〕
シテ〽自《オノ》づから、春の手向《タムケ》となりにけり、地主権現《ヂシュゴンゲン》の花盛《ハナザカ》り。

〔サシ〕
シテ〽それ花の名所《ナドコロ》多しといへ《エ》ども、大悲《ダイヒ》の光《ヒカリ》色添《ソ》ふ《オ》故《ユエ》か、この寺の地主《ヂシュ》の櫻に若《シ》くはなし、さればにや大慈《ダイジ》大悲《ダイヒ》の春の花、十悪《ジウアク》の里に芳《コオバ》しく、三十三身《サンジウサンジン》の秋の月、五濁《ゴヂョク》の水に影清《カゲキヨ》し。

に、三十三種もの姿に変じて出現し、衆生を救い導いてくださる。」と言われている。

**童子**　ちはやぶる神のましますこの境内に、雪が積もったかのよう。

**童子**　一面真っ白に、雲なのか霞なのか見分けがつかないほど、雲も霞も花に埋もれてしまい、どれが桜の枝なのかと見渡してみると、八重もあれば一重もあり。それらが九分咲きに咲き誇って、まさに九重の都の春の空である。四方に連なる山々もいつの間にか、今が春の盛りと見える景色であることよ。都全体が春爛漫の景色である。

［下ゲ歌］
シテ〽ちは《ワ》やぶる、神《カミ》のお庭《ニワ》の
雪《ユキ》なれや。

［上ゲ歌］
シテ〽白妙《シロタエ》に、雲《クモ》も霞《カスミ》も埋《ウヅモ》れ
て、雲も霞も埋れて、何《イヅ》れ
櫻《サクラ》の梢《コズヱ》ぞと、見渡《ミワタ》せば八重《ヤエ》
一重《ヒトエ》、げに九重《ココノエ》の春の空。
四方《ヨモ》の山並《ヤマナミ》自《オノ》づから、時《トキ》ぞ
と見《ミ》ゆる景色《ケシキ》かな、時ぞと
見ゆる景色かな。

3

旅の僧と童子の会話　旅の僧（ワキ）が立ち上がって童子（前シテ）に声を掛け、清水寺の由来を聞く。［上ゲ歌］後半になるとシテは前へ出て左回りに廻って常座に戻る。

［問答］は諸流で相違が多いが、重要な意味上の違いはない。

［語リ］は上掛りと下掛りで大きな相違がある。重要な五箇所について金春流で示す。金剛・喜多は金春とほぼ同じである。①子島寺の沙門の名前が延鎮《えんちん》（賢心の後名）である。②「木津川の川上より」は「淀川（木津川の下流）の水上より」である。③「尋ね上つて見れば」の部分に「しるべに行きて見ればこの滝壺に至りぬ。観音の仏像光明かくやくとして現われたもう。また山上の木の間より灯の影ほのかに見えしを怪しめのぼりて見れば」が入る。④「我はこれ行叡居士と云へり。」の後に「われこの地に住んで七百才なり。」が入る。⑤「飛び去りぬ。」の後に「この事世もって隠れなければ、坂の上の田村丸、すなわち伽藍建立し、千手の仏像を作りすえ、都鄙安全の尊容とせり。」が入る。

**旅の僧**　もしもしそこにいらっしゃる方にお尋ねしたいことがございます。

**童子**　私のことですか、どのようなことでございましょ

［問答］

ワキ〽いかにこれなる人に尋《タヅ》ね申すべき事の候

シテ〽此方《コナタ》の事にて候か何事《ナニゴト》

う。

**旅の僧**　お見受けするところ美しい箒を持って、木の下を掃除していらっしゃいますね。もしかして花守でいらっしゃいますか。

**童子**　そうです、私はこの地主権現にお仕えするものです。毎年花の季節には木陰を掃き清めますから、花守と申しましょうか、あるいは宮人《みやびと》と言えばよいでしょうか。何れにしろ事情のある者と御覧下さい。

**旅の僧**　確かにわけがありそうにお見受けします。ではまずこの寺の由緒を、詳しく語って戴けませんか。

**童子**　そもそもこの清水寺というのは、大同二（八〇七）年に創立された。坂上田村麿《さかのうえのたむらまる》のご発願である。昔大和国子島寺というところに賢心《げんしん》という僧がいて、生きた姿の観世音菩薩を拝もうという誓いを立てたが、ある時木津川の川上から、金色

にて候ぞ

ワキ〽見申《ミモオ》せば美《ウツク》しき玉帚《タマバワキ》を持《モ》ち、木蔭《コカゲ》を清《キヨ》め給《タマイ》ひ候は、もし花守《ハナモリ》にて御入《オンニ》り候か

シテ〽さん候これはこの地主《ヂシュ》権現《ゴンゲン》に仕《ツカエ》へ申す者《モノ》なり、いつも花の頃《コロ》は木蔭《コカゲ》を清《キヨ》め候程に、花守《ハナモリ》とや申さん、また宮《ミヤ》つ子《コ》とや申すべき、何《イッ》れに由《ヨシ》ある者と御覧《ゴランソオラ》候へ《エ》

ワキ〽げにげに由《ヨシ》ありげに見えて候、まづまづ當寺《トオジ》の御《ゴ》来歴《ライレキ》、委《クワ》しく語《カタ》り給《オ》ふべし

［語リ］

シテ〽そもそも當寺《トオジ》清水寺《セイスヰジ》と申すは、大同《ダイドオ》二年の御草《ゴソオ》創《ソオ》、坂《サカ》の上《ウエ》の田村麿《タムラマル》の御《ゴ》願《グワン》なり、昔大和《ヤマト》の國子島寺《コジマデラ》と云《イウ》ふ所に、賢心《ゲンシン》と云《イエ》へる沙門《シャモン》、生身《ショオジン》の観世音を拝《ヲガ》まんと誓《チカイ》ひしに、或時《アルトキ》木津川《コッガワ》

の光が差したので、それを目指して登って見ると、一人の老翁がいた。その翁が語って言うには、「我はすなわち行叡居士《ぎょうえこじ》という者である。おまえは一人の旦那を待って、大寺院を建立せよ」と言うと、東をさして飛び去ってしまった。そういうわけで行叡居士というのは、観世音菩薩のご再誕であり、また旦那を待てと言われたが、これこそ坂上の田村麿のことである。

**地**

今も変わらず評判の高い清水寺の、有名な清水観音の、慈悲深いご誓願は数々あって、観音の千の御手が取り取り様々に示している救済の誓いは広く行き渡り、この国全ての人々を残らず救うという大慈大悲《だいじだいひ》の御心はなんとありがたいことか。

本当にまあ極楽浄土から、今この人間の世に姿を現された、我ら衆生をお救い下さる観世音菩薩は、どんなに仰ぎ見ても足りないくらいもったいないお方だ。

の川上《カワカミ》より、金色《コンジキ》の光さししを、尋《タヅ》ね上《ノボ》つて見れば一人《イチニン》の老翁《ロオヲオ》あり、かの翁《オキナ》語つて曰く、我はこれ行叡居士《ギョオエコジ》と云《イ》へり、汝一人《ナンジイチニン》の檀那《ダンナ》を待ち、大伽藍《ダイガラン》を《ノ》建立《コンリウ》すべしとて、東をさして飛び去りぬ、されば行叡居士と云《イ》つぱ、これ観音薩埵《クワンノンサッタ》の御再誕《ゴサイタン》、また檀那《ダンナ》を待てとありしは、これ坂の上の田村麿《マル》

［上ゲ歌］

地〽今もその、名に流れたる清水《キヨミヅ》の、名に流れたる清水の、深き誓《チカイ》ひも数《カズ》々に、千手《センジュ》の、御手《ミテ》のとりどり、様々の誓《チカイ》ひ普《アマネ》くて、國土萬民《コクドバンミン》を《ノ》洩《モ》らさじの、大悲《ダイヒ》の影ぞありがたき。

げにや安楽《アンラク》世界より、今この娑婆《シャバ》に示現《ジゲン》して、我等《ワレラ》が為の観世音、仰《アオ》ぐも疎《オロ》かなるべしや、仰ぐも疎かなるべしや。

## 4

旅の僧と童子の会話　続いて旅の僧（ワキ）は童子（前シテ）に、地主権現から見える都の名所を尋ねる。南の清閑寺・今熊野と、北の霊山寺を見ていると、音羽山から月が昇り、地主権現の桜を美しく照らすので、二人でそれを一心に眺める。［問答］部分には諸流で小異がある。特に「あれこそ歌の中山清閑寺」が下掛りでは「あれは清閑寺歌の中山」、「入相の聞え候は」が「これも塔婆の見えたるは」となっている。［歌］の部分では、いずれも下掛りでは「あらあら」が「やらやら」、「地主の花の景色やな」が「地主の花や候やな」となっている。

**旅の僧**　近頃お目にかかれないような面白い人と出会ったものでございます。さてまたここから見渡せるのはどこもきっと名所なのでございましょう、お教え下さい。

［問答］
ワキへ近頃《チカゴロ》面白き人に参り逢《ア》ひ《イ》て候ものかな、また見え渡りたるは皆名所《メイショ》にてぞ候らん御教《オンノシ》へ《エ》候《ソオラ》へ《エ》

**童子** そうですね、みんな名所でございます。どれとお尋ね下さい、お教え申しましょう。

**旅の僧** まず南の方角に塔が見えていますのは、なんというところでございますか。

**童子** あれこそ歌の中山と呼ばれる小道と、そばにある清閑寺、それに続く今熊野まで見えていますね。

**旅の僧** また北の方から日暮れを告げる入相《いりあい》の鐘が聞こえますのは、何というお寺でございますか。

**童子** あれは「上見ぬ鷲の尾の寺」と言われる名高い霊山寺、あっ、ご覧なさい。音羽山の峰から、今出てきた月が輝いて、この地主権現の桜を照らしている景色、なんと言ってもこれこそ御覧になるべきことですよ。

**旅の僧** 本当に本当に、これこそ時の経つのが惜しまれるというものだ。夢中になってしまう春のひと

シテ〽さん候皆名所にて候、御《オン》尋ね候へ《エ》教へ《エ》申し候べし

ワキ〽まづ南に當《アタ》つて塔婆《トオバ》の見えて候は、如何《イカ》なる所にて候ぞ

シテ〽あれこそ歌の中山清閑《ナカヤマセイガン》寺《ジ》、今熊野《イマグマノ》まで見えて候へ《エ》

ワキ〽また北に當つて入相《イリアイ》の聞え候は、如何《イカ》なる御《オン》寺にて候ぞ

シテ〽あれは上見《ウエ》ぬ鷲《ワシ》の尾《ヲ》の寺、や、御覧候へ《エ》音羽《オトワ》の山の峯《ミネ》よりも、出《イ》でたる月の輝《カカヤ》きて、この地主《ヂシュ》の櫻に映《ウツ》る景色《ケシキ》、まづまづこれこそ御覧じ事なれ

ワキ〽げにげにこれこそ暇惜《イトマヲ》しけれ、異心《コトココロ》なき春の一時《ヒトトキ》

とき

**童子** 本当に今この時を惜しむべきです。

**旅の僧** 惜しむべきですね。

**童子 旅の僧** 春宵一刻《しゅんしょういっこく》、値千金《あたいせんきん》、花に清香《せいきょう》、月に陰（蘇東坡春夜詩）

（春の宵の美しさは一刻が千金にも値する。花は良い香りを漂わせ、月は美しく輝いている）

**童子** まことに千金にも替えがたいとは、今この時のことであろうか。

**地** ああなんとも面白い地主権現の花の景色よ。桜の木の間から洩れる月光が雪が降るように見え、夜風に誘われて花が雪のように散る。そのあまりの美しさに心が乱されるようだ。

シテ〽げに惜しむべし

ワキ〽惜しむべしや

[詠]

シテ ワキ〽春宵一刻《シュンショオイッコク》、値千金《アタイセンキン》、花に清香《セイキョオ》、月に陰《カゲ》。

シテ〽げに千金にも、替《カ》へじとは、今この時かや。

[歌]

地〽あらあらおもしろの、地主《ヂシュ》の花《ハナ》の景色《ケシキ》やな、櫻の木《コ》の間《マ》に洩《モ》る月の、雪も降《フ》る夜《ヨ》嵐《アラシ》の、誘《サソ》ふ花とつれて、散るや心なるらん。

5

清水寺の春を楽しむ童子　清水観音の威徳《いとく》のおかげでひときわ美しく咲く花を愛でる。ワキは脇座に座り、シテは中央に出て［クセ］を舞う。定型の舞だが、後半に表意的な動きもある。［クセ］「青楊」は金春では「青陽」。

**地**　いかにもその名のとおり、花の都の春の空は、まさに盛りの様子、芽吹いた青柳の影は緑で、風は長閑に吹き、音羽の滝は白糸のように絶えることなく流れ落ちている。繰り返し繰り返し見ても、面白いこと、ありがたいことだ。地主権現の花の色も格別に美しい。

**童子**　ただ頼め、標茅が原のさしも草
（ただひたすら頼みとせよ、標茅が原のもぐさのような衆生たちよ）

**地**　我世の中に、あらん限りは（『新古今和歌集』清水

［クセ］

地〽さぞな名にし負《オオ》ふ、花の都の春の空、げに時めけるよそほ《オイ》ひ、青楊《セイヨオ》の影緑《ミドリ》にて、風長閑《ノドカ》なる、音羽の瀧の白《シラ》糸の、繰《ク》り返《カエ》し返しても、面白やありがたやな、地主《ヂシュ》権現《ゴンゲン》の、花の色も殊《コト》なり。

シテ〽ただ頼め、標茅《シメヂ》が原《ハラ》のさしも草、

地〽我世の中に、あらん限りは

観音、一句目は「なお頼め」

（私〈観音〉がこの世に示現する限りは、救いの手を差し伸べるから）

というご誓願は、濁らぬ清水《せいすい》のように、決して偽りではあるまい。緑に色づいた清水寺の青柳をみても、枯れ木に花を咲かせるとおっしゃった観音のお言葉そのものである。そんな場所なので、桜の木は今を盛りの花を咲かせている。どこを見ても等し並みに長閑な春の光が満ちあふれ、まるで天も花に酔っているようだ。なんとも面白い春の日だ。

6

童子の中入り　童子（前シテ）が誰なのかと訝《いぶか》しむ旅の僧（ワキ）に、私がどこに行くかを見ていなさいと言って、田村堂の内陣（本尊が安置してある奥の間）に入っていく。

シテは中央に、ワキはワキ座に着座のままやりとりしているが、後半シテは立って動き、田村堂に入っていく体で橋掛りを渡って中入りする。

の御誓願《セイグワン》、濁《ニゴ》らじものを清《キヨ》水《ミヅ》の、緑もさすや青柳《アヲヤギ》の、げにも枯れたる木なりとも、花櫻木《サクラギ》のよそほひ《オイ》、何《イヅ》処《ク》の春もおし並《ナ》めて、のどけき影は有明《アリアケ》の、天も花に酔《エ》へ《エ》りや、面白の春べや、あら面白の春べや。

「帰る方を御覧ぜよ」は下掛り「帰る方を見たまえ」。
「たづきも知らぬ」は宝生・金剛「たつきも知らぬ」、金春・金剛は「たつぎも知らぬ」。「地主権現の御前より」は喜多流「地主権現のお前より」。

**地** （旅の僧）本当にちょっとお姿を見るだけでも、普通の人ではないらしい感じがします。お名前は何とおっしゃるのですか。

**童子** 何と言われても、さあどうだかその名を知らせはしないが、私のことが知りたいのなら、この寺の、どの方向に帰っていくのかをご覧なさい。

**地** （旅の僧）帰っていくのはどこでしょう、（葦で編んだ垣根の目が細かいように）近くかそれとも遠くか……

**童子** 「（遠近の）たづきも知らぬ山中に（おぼつかなくも呼子鳥《よぶこどり》かな）（『古今和歌集』読人知らず）」ではないが、知る方法がなくて

［ロンギ］
地〽げにや気色《ケシキ》を見るからに、常人《タダビト》ならぬよそほひ《オイ》の、その名如何《イカ》なる人やらん、
シテ〽如何《イカ》にとも、いさやその名も白雪の、跡《アト》を惜《ヲ》しまばこの寺に、帰る方《カタ》を御覧ぜよ、
地〽帰るや何処《イヅク》蘆垣《アシガキ》の、間近《マヂカ》き程か遠近《ヲチコチ》の、
シテ〽たづきも知らぬ山中《ヤマナカ》に、

**地**　頼りないと、思われるのなら、私の行く方向を見なさいというと、地主権現の社のお前から、下っていくかと見えたのだが、下りはせず、坂の上にある田村堂の、軒から漏れる、月に照らされた扉を押し開けて、内陣に入ってしまわれた。

地へおぼつかなくも、思ひ《イ》給《タマワ》はば、我が行く方《カタ》を見よやとて、地主権現《ヂシュゴンゲン》の御前《オンマエ》より、下《クダ》るかと見えしが、下《クダ》りはせで坂の上の、田村堂の軒《ノキ》洩《モ》るや、月のむら戸《ド》を押し開《ア》けて、内《ウチ》に入らせ給ひ《イ》けり、内陣《ナイヂン》に入らせ給ひ《イ》けり。

【中入】

［問答・語リ］

7

清水寺門前に住む男と旅の僧との会話　清水寺門前に住む男（アイ）が旅の僧（ワキ）を見かけ、声を掛ける。僧は、最前のできごとを不思議に思い、男から清水寺建立の縁起と、坂上田村麿について、物語を聞く。

なお、3段で示したように、上掛りと下掛りでは縁起の内容に違いがある。アイの語りにも二種類あるが、上演時に必ずしも調整するわけではない。

8

旅の僧たちの読経　旅の僧たち（ワキ・ワキツレ）

は、着座のまま、花陰で夜もすがら読経することを言う。
「蔭に居て」は宝生「寝て」。観世流も古くは「ねて」。
「法の場」は下掛り「法の道」。一度目の「この御経」は下掛り「かの御経」。

**旅の僧たち**

夜通し、散る桜の花陰に座を占め、散り続ける桜の木陰に居て、花も美しい法華経の道場で、闇夜ならいざ知らず月が照らしているので迷うことのない今宵、法華経を読誦しよう、声を上げてこの御経を読むのだ。

9

坂上田村麿の登場　橋掛りを渡って武将姿の田村麿（後シテ）が登場し、常座に立つ。

ワキの読経に対して感謝し、これも観音の御慈悲なのだという。

［サシ］「あらありがたの御経やな」は下掛り「あら面白のおりからやな。地主権現の花ざかり」。「結縁たり」は金春・喜多「直道《ジキドオ》なり」、金剛は「直道

［上ゲ歌］
ワキ
ワキツレ へ夜《ヨ》もすがら、散るや櫻の蔭に居て、散るや櫻の蔭に居て、花も妙《タエ》なる法《ノリ》の場《ニワ》、迷《マヨワ》はぬ月の夜《ヨ》と共に、この御経《オンキョオ》を読誦《ドクジュ》する、この御《オン》経を読誦する。

なる」。

〔一声〕リズムに乗った登場楽が静かに演奏される中を、坂上田村麿の亡霊が登場する。

**田村麿**　ああありがたい御経だなあ。清水寺の滝に立つ波の縁とでも言おうか、「同じ流れから水を汲むのも前世からの縁による」と言うが、それくらいの縁で旅人と言葉を交わしただけなのに、夜の読経の声がする。これこそまさに大慈大悲の観世音菩薩が、衆生をお守り下さるご縁によるものである。

10

旅の僧と田村麿の会話　旅の僧（ワキ）が田村麿（後シテ）に声を掛ける。花の中から現れたようなシテに対して、ワキがどなたかと声を掛けると、シテは坂上田村麿だと名乗り、平城天皇の御代に天下泰平のために役立てたことも清水寺の仏力によると言う。

〔一声〕

〔サシ〕

シテ〽あらありがたの御《オン》経やな、清水寺《キヨミヅデラ》の瀧《タキ》つ波《ナミ》、まこと一河《イチガ》の流れを汲んで、他《タ》生《ショオ》の縁《エン》ある旅人《タビビト》に、言葉を交《カワ》はす夜聲《ヨゴエ》の読誦《ドクジュ》、これぞ即ち大慈大悲《ダイジダイヒ》の、観音擁護《オオゴ》の結縁《ケチエン》たり。

〔(掛ケ合)〕「輝きて」は下掛り「うつろいて、そのさま気高き」。「男体の人の」は下掛り「男体の甲冑を帯し」。〔名ノリグリ〕「今は何をか褁むべき」は下掛り「是は」、宝生は両方あり。地謡部分、下掛りはシテ謡い。

**旅の僧**　不思議なことだ。花に射す月光に照らされて、男の方が見うけられますが、いったいどなたでいらっしゃいますか。

**田村麿**　今は何を隠すことがあろう。人皇五十一代、平《へい》城《ぜい》天皇の御代に仕えた、坂上田村麿である。

**地**　東国の逆賊を平定《へいてい》して悪魔を鎮圧し、天下泰平のために忠実に役目を果たせたのも、すべてこの清水寺の観音の加護あってのことだ。

11

田村麿の物語　田村麿（後シテ）は舞台中央で床《しょ》几《うぎ》に掛け、坂上田村麿による鈴鹿山の鬼退治の物

〔(掛ケ合)〕
ワキ〽不思議やな花の光に輝《カカヤ》きて、男體《ナンタイ》の人の見え給ふ《オ》は、如何《イカ》なる人にてましますぞ

〔名ノリグリ〕
シテ〽今は何《ナニ》をか褁《ツツ》むべき、人《ニン》皇《ノオ》五十一代、平城《ヘイゼイ》天皇の御《ギョ》宇《オ》に在りし、坂の上の田村麿《マル》、

地〽東夷《トオイ》を平《タイ》らげ悪魔《アクマ》を鎮《シヅ》め、天下泰平《テンガタイヘイ》の忠勤《チウキン》たりしも、即ち當寺《トオジ》の佛力《ブツリキ》なり。

語を始める。

着座のまま時々表意の所作をする。［クセ］アゲハ（シテの謡）以降の地謡部分で立ち上がり、少し動く。

［サシ］「然るに」は下掛り「然れば」。「うつ立ちけり」は宝生「うつ立ちたり」。［クセ］「足並や勇むらん」は金剛・喜多「足並や進むらん」。「嘉例なるべし」は下掛り「嘉例なりけり」

**地**　さて天皇の宣旨《せんじ》によれば、伊勢の国鈴鹿山に棲む悪魔を鎮圧して、日本国を安全にせよとのことである。その仰せを受けて軍兵を集め、もう出発という時に、この清水観音の仏前に参り、一心に祈り必勝の願いを立てたところ、

**田村麿**　不思議な霊験をはっきりと蒙《こうむ》ったので、

**地**　喜びの微笑みを浮かべられる観音のお顔を思い浮かべそれを頼りに、急ぎ賊徒の征伐に出発した。

**地**　天と地が続く限り、どこに王土でない場所があ

［サシ］

地〽然るに君の宣旨《センジ》には、勢州《セイシウ》鈴鹿《スズカ》の悪魔を鎮《シヅ》め、都鄙安《トヒアン》全《セン》になすべしとの、仰せによつて軍兵《グンビョオ》を調《トトノ》へ、既に赴《スデオモム》く時節《ジセツ》に至りて、この観音《クワンノン》の佛前《ブツゼン》に参り、祈念《キネンノ》を致し立願《リウグワン》せしに、

シテ〽不思議の瑞験《ズキゲン》あらたなれば、

地〽歓喜微笑《クワンギミショオ》の頼みを含《フク》んで、急ぎ凶徒《キョオト》にうつ立ちけり。

［クセ］

地〽普天《フテン》の下《シタ》、率土《ソツト》の内《ウチ》、何処《イヅク》

るだろう。しばらく行くと、名高い逢坂の関である。平和な御代には関所を閉ざさない。その逢坂山を越えると、湖ながら浦波の立つ粟津の浜であり、その森を過ぎて、石山寺を伏し拝む。ここのご本尊も清水寺と同じ観音であると頼もしく思った。近江路に入り、瀬田の長橋を踏みならして行く馬の足並みも勇んでいるようだ。

**田村麿**　もうすでに伊勢路の山が近くなってきた。

**地**　合戦で真っ先に武功を上げるため、他に先駆けて咲く梅のごとく我先にと、花や紅葉が色を増すように、猛々《たけだけ》しい心が満ちあふれ、土も木もすべての国土が我が大君の統治される神の国なのだが、もともと観音のご誓願によって、仏力も神力もいっそう数を増している。多くの武士が待ち伏せしているとも知らず、鈴鹿山の賊徒たちは、まるで猟師に狙われる牡鹿のように、ひとたまりも無いだろう。鈴鹿川といえば、斎宮が御祓をされた昔の御代のことも、思ってみればめでたい先例であるにちがいない。

王地《ヲオヂ》にあらざるや、軈《ヤガ》て名にし負《オ》ふ、関の戸ささで逢《オオ》坂《サカ》の、山を越ゆれば浦波の、粟津《アワヅ》の森や陽炎《カゲロオ》の、石山寺を伏し拝《ヲガ》み、これも清《キヨ》水《ミヅ》の一佛《イチブツ》と、頼みはあひ《イ》に近江路《オオミヂ》や、勢多《セタ》の長橋《ナガハシ》踏《フ》みならし、駒《コマ》も足並《アシナミ》や勇《イサ》むらん。

シテ〽既《スデ》に伊勢路《イセヂ》の山近く、

地〽弓馬《キウバ》の道もさきかけんと、勝つ色見せたる梅《ンメ》が枝《エ》の、花も紅葉《モミヂ》も色めきて、猛《タケ》き心はあらかねの、土も木も、我が大君《オオキミ》の神國《シンコク》に、もとより観音の御誓《オンチカイ》ひ、佛力《ブツリキ》と云《イ》ひ神力《イシンリキ》も、なほ数《カズ》々にオ丈夫《マスラヲ》が、待つとは知らで小《サ》牡鹿《ヲシカ》の、鈴鹿《スズカ》の禊《ミソギ》せし代《ヨ》々までも、思へば嘉例《カレイ》なるべし。

12

終曲　鈴鹿山の鬼神たちとの戦いの様子を〔カケリ〕によって表現し、その後千手観音の出現と助力の奇跡を、謡に合わせた表意的な動きの舞によって表現していく。

〔(クリ)〕「満目」は宝生と下掛りは「万木」、「青山」は下掛り「千草」。〔□〕「いかに鬼神も・・・例あり」は下掛り「いかに鬼神まさに聞くらん」。「王威を背く」は金春「王地《オオジ》を侵す」、金剛・喜多「王位を侵す」。〔中ノリ地〕「矢をはげて」は喜多「矢をはめて」。「一度放せば」は下掛り「一度放てば」。「鬼神の上に」は下掛り「鬼神の勢に」。

**地**

しばらくすると山や河を揺り動かすような鬼神の声が、天に響き渡り地に満ち満ちて、見わたす限りの山々が振動した。

〔カケリ〕笛・小鼓・大鼓の演奏で舞われる、緩急の変化が激しい舞。演奏は二節型で、各節ともに

〔(クリ)〕

地＼さる程に山河《サンカ》を動かす鬼《キ》神《ジン》の聲《コエ》、天に響《ヒビ》き地に満《ミ》ちて、満目《バンボク》青山《セイザン》動揺《ドオヨオ》せり。

〔カケリ〕

緩やかに始まり、シテの動きに合わせて途中でテンポが急変する。戦いの様子を表現している。

**田村麿**　おい鬼神もよく聞け。昔もこれに似た例がある。千方という逆賊に仕えていた鬼も、王に背いたために天罰を受け、千方を裏切って見捨てたところ、たちまちに滅び去ったのだ。ましてここは宮城《きゅうじょう》に近い鈴鹿山なのだ。

**地**　振り返って遠くまで見渡してみると伊勢の海が見える。振り返ってみると伊勢の海の、安濃の津の一群の松原から、群がってやって来た鬼神たちは、黒雲から真っ赤に焼けた鉄片を降らしながら、数千騎に変身して応戦し、それがまるで山のように見えた。ちょうどその時

**田村麿**　あれを見ろ、不思議なことだ。

**地**　あれを見ろ、なんと不思議なこと。味方の軍兵の旗の上の方に、千手観音が、御身から光を放ちながら空中に飛び上がり、千の御手のそれぞ

[□]

シテ〽いかに鬼神《キジン》も確かに聞け、昔もさる例《タメシ》あり、千方《チカタ》と云《イ》ひし逆臣《ゲキシン》に仕《エ》へし鬼も、王威《ヲオヰ》を背《ソム》く天罰《テンバツ》にて、千方を捨《ス》つれば忽《タチマ》ち亡《ホロ》び失《ウ》せしぞかし、ましてや間《マ》近《ヂカ》き鈴鹿《スズカ》山

[中ノリ地]

地〽ふりさけ見れば伊勢の海、ふりさけ見れば伊勢の海、安濃《アノ》の松原むらだち来《キタ》つて、鬼神《キジンナ》は、黒雲鉄火《コクウンテックワ》を降《フ》らしつつ、数千騎《スセンギ》に身を変《ヘン》じて、山の如くに見えたる処《トコロ》に。

シテ〽あれを見よ不思議やな、

地〽あれを見よ不思議やな、味方の軍兵《グンビョオ》の旗《ハタ》の上《ウエ》に、千手《センジュ》観音の、光を放つて虚空《コクウ》に飛行《ヒギョオ》し、千《セン》の御手《ミテ》毎《ゴト》に、大《ダイ》

れに、大悲願の祈りを籠めた弓には、智慧の矢を番《つが》えて、一度に放つと千の矢先が、雨霰《あめあられ》と降り注いで、鬼神たちの上に乱れ落ちてきたので、ことごとくその矢先に掛かって鬼神は残らず討たれてしまった。

ありがたい、ありがたいことだ。確かに
呪詛諸毒薬《しゅそしょどくやく》、所欲害身者《しょよくがいしんじゃ》、念彼観音力《ねぴかんのんりき》、還著於《げんぢゃくお》本人《ほんにん》（『法華経』普門品）

（誰かがどんな毒薬で危害を加えようと、観音を念ずれば、その危害は本人に還ってしまう）と経文にあるように、どんな危害を加えようとしても、観音のお力添えによって、まさに危害は本人に還っていき、敵の鬼神は滅びてしまった。これこそ観音の仏力である。

悲《ヒ》の弓には、知慧《チヱ》の矢をはげて、一度《ヒトタビ》放せば千《セン》の矢《ヤ》先《サキ》、雨霰《アラレ》と降《フ》りかかって、鬼神《キジン》の上《ウエ》に、乱れ落つれば、ことごとく矢先《ヤサキ》にかかつて、鬼神《キジン》は残《ノコ》らず討たれにけり、ありがたしありがたしや、實《マコト》に呪詛《シュソ》、諸毒薬《ショドクヤク》念波《ネビ》、観音の力を合《ワ》はせて、即《スナワ》ち還著《ゲンヂャク》於《オ》本人《ホンニン》、即ち還著於本人の、敵《カタキ》は亡《ホロ》びにけり、これ観音の佛力《ブツリキ》なり。

# 〈田村〉の舞台

観世流シテ方・河村　晴久

囃子方、地謡が座に着くと、〔次第《しだい》〕の演奏で旅僧（ワキ）が登場する。他の能では憂世の辛い修行の旅が多いが、この能では春の盛りに都に向かう僧であり、冒頭から長閑な雰囲気の中、桜満開の清水寺に着く。ノリのよい〔一声《いっせい》〕の囃子となり童子（前シテ）が登場する。手には箒を持ち、境内を掃き清める態である。長い黒髪を持ち可憐な表情の少年は神仙的童子で、地主神社の桜と相まって幽玄な雰囲気を醸し出す。登場後の［一セイ・サシ・下歌・上歌］は色々な能に使われる定型の謡で、所作も皆同じ動きでありながら、その所作は謡にぴったりと沿い、童子の愛でる目前の景色に奥行きが増す。童子は僧の問いに清水寺の来歴を語りだす。観世音菩薩を讃え、また周辺の名所を告げるうち、東山に月が昇る。月の光、夜桜の色、そして青柳。花の色に「天も花に酔へり」と舞台上の色彩感覚が面白い。童子は僧に名を尋ねられると、「行く方《かた》を見よ」と言って扇を使って扉を開ける所作をし、田村堂の中に消えてゆく。通常は舞台の奥の方、替えの演出で橋掛りの奥の方、幕の内を田村堂に見立てる。

清水寺門前の者（間狂言）の語りの後、僧が経を読み通夜していると、〔一声〕の囃子が演奏され、坂上田村麿の霊が現れる。同じ〔一声〕であっても、前半の童子と異なり勇壮な雰囲気となる。〈屋島〉〈箙〉と全く同じ武人の出立ちで、それ故「勝修羅三番《かちしゅら》」と言われるが、〈田村〉には修羅の地獄の苦しみは全くなく、観世音菩薩の奇瑞と賛美に満ちている。自らの武勇談を仕方話に語るその所作が見所である。

替装束《かえしょうぞく》の小書《こがき》（替えの演出）になると、装束ががらりと変わり、前半は喝食《かっしき》の面、喝食鬘《かずら》、裳着胴《もぎどう》（上衣無し）、縫箔腰巻《ぬいはくこしまき》（上半身を脱ぎ下げ、腰に巻き留める着方）、後半は黒頭《くろがしら》の上に唐冠《とうかんむり》、面は天神、狩衣《かりぎぬ》を肩上《かたあげ》、衣紋の着付けにして背中に太刀《たち》を背負い、扇に替えて団扇を持つ。義経などの侍とは全く異なる迫力のある風貌となって、謡にも緩急が付き、所作のメリハリも多くなる。

**白鉢巻**

**梨子打烏帽子《なしうちえぼし》**—和紙に黒漆を塗り固めて作る。源氏は左（向かって右）、平家は右（向かって左）に折る。田村では、源氏と同じ向きに折る。

**黒垂《くろたれ》**

**面《おもて》**—平太《へいだ》。強い武将の面。勝修羅《かちしゅら》と言われる〈屋島〉〈箙〉のほか、〈兼平〉に使われる。

**紅入厚板《いろいりあついた》**—赤い色糸を使った浮織物の装束。唐織《からおり》とほぼ似た織物であるが、男物の厚板には幾何学模様や唐様《からよう》の模様など強い意匠が使われる。

**袷法被《あわせはっぴ》**—武人の鎧姿を表す。右肩は脱ぎ、丸く巻いて背中に立て、箙《えびら》（矢の入れ物）に見立てる。

**腰帯《こしおび》**—刺繍で模様を表した帯。上着の法被をとめる。

**半切《はんぎり》**—武士の霊や鬼神など強い役の着る袴。金襴の生地で、後に畳表《ござ》を入れて張りを持たせる。

**童扇《わらわおうぎ》**—流水に菊の文様。童子の面をかける曲などに用いる。

**童子**—少年の面。可憐で神仙的な表情。石橋、天鼓、菊慈童、大江山、合浦などに使う。

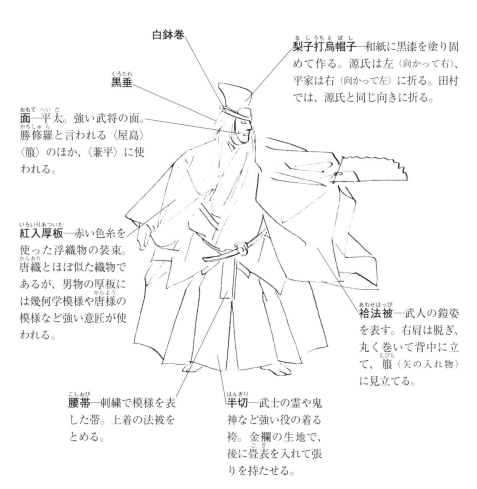

# 能の豆知識

**シテ** 能の主役。前場のシテを前シテ、後場を後シテという。

**ワキ** シテ（主役）の相手役。脇役のこと。

**ツレ** シテやワキに連なって演じる助演的な役。シテに付くものをツレ（シテツレともいう）、ワキに付くものをワキツレという。

**間狂言《あいきょうげん》** 能の中で狂言方が演じる役。アイともいう。狂言方の主演者をオモアイ、助演者をアドアイとよぶ。

**地謡《じうたい》** 能・狂言で数人が斉唱する謡。謡本に「地」と書いてある部分。地ともいう。能では舞台右側の地謡座と呼ばれる場所に八人が並び謡う。シテ方が担当する。

**後見《こうけん》** 舞台の後方に控え、能の進行を見守る役。装束を直したり小道具を受け渡しするなど、演者の世話も行う。

**後見座《こうけんざ》** 鏡板左奥の位置。後見をつとめるシテ方（普通は二人、重い曲は三人）が並んで座る。

**見所《けんしょ》** 能の観客及び観客席のこと。舞台正面の席を正面、舞台の左側、橋掛りに近い席を脇正面、その間の席を中正面と呼ぶ。

**物着《ものぎ》** 能の途中、舞台で衣装を着替えたり、烏帽子などをつけたりすること。後見によって行われる。

**中入《なかいり》** 前・後半の二場面に構成された能で、前場の終りに登場人物がいったん舞台から退場することをいう。

**床几《しょうぎ》** 椅子のこと。能では鬘桶《かづらおけ》（鬘を入れる黒漆塗りの桶）を床几にみたてて、その上に座る。

**作《つく》り物《もの》** 主として竹や布を用いて、演能のつど作る舞台装置。

## 〈田村〉のふる里

**清水寺** 京都府京都市東山区清水一丁目二九四
京都市バス・京阪バス 五条坂または清水道下車徒歩10分／京阪電車清水五条駅から徒歩約25分
宝亀九（七七八）年に賢心がこの地で行叡居士に出会い、霊木に千手観音像を刻んで安置したのが清水寺の始まりとされる。宝亀一一年に坂上田村麿は賢心と出会い自邸を本堂として寄進し清水寺と名付けた。本堂は国宝で、その南側は清水の舞台と呼ばれる。

**田村堂（開山堂）** 重要文化財。寛永一〇（一六三三）年再建。坂上田村麿・高子夫妻、行叡、延鎮の像が祀られる。通常は非公開。

**地主の桜** 弘仁二（八一一）年に嵯峨天皇が行幸して地主の桜を楽しんだ話が残る。嵯峨天皇は翌年桜の花宴を開いており、梅が愛でられていた宮廷でこれが桜の花宴の初見とされる。

（河村晴久）

### お能を習いたい方に

能の謡や舞、笛、鼓に興味をもたれたら、ちょっと習ってみませんか。どなたでも能楽師からレッスンを受けられます。関心のある方は、能楽堂や能楽専門店（檜書店☎03-3291-2488　わんや書店☎03-3263-6771　能楽書林☎03-3264-0846など）に相談すれば能楽師を紹介してくれます。またカルチャーセンターでもそうした講座を開いているところがあります。

## ■鑑賞に役立つ　能の台本／観世流謡本・金剛流謡本

### 観世流謡本（大成版）

謡本は能の台詞やメロディー、リズムを記した台本兼楽譜。江戸時代から数々の修正や工夫をかさねて現在の形になった。謡本には他に、作者・作品の背景・節や言葉の解説・舞台鑑賞の手引き・配役・能面や装束附なども掲載されていて、鑑賞のための予備知識を得るにはとても便利。また、一般の人が、能楽師について能の謡や舞を稽古する時の教科書でもある。

曲　目／『田村』他、二一〇曲
表　紙／紺地金千鳥
サイズ／半紙判（154×227ミリ）
用　紙／特別に漉いた和紙
製　本／和綴
定　価／各三〇〇〇円～三三〇〇円（税込）

### 観世流謡本縮刷版

前記観世流謡本の縮刷版。古くより豆本・小本と呼ばれハンドバックやポケットに入り、携帯に便利であると愛用されている。

曲　目／『田村』他、二一六曲
表　紙／紺地千鳥
サイズ／B7判・定価／一五〇〇円（税込）